Il Mondo Segreto

Ritratti di elfi e di altre creature fantastiche

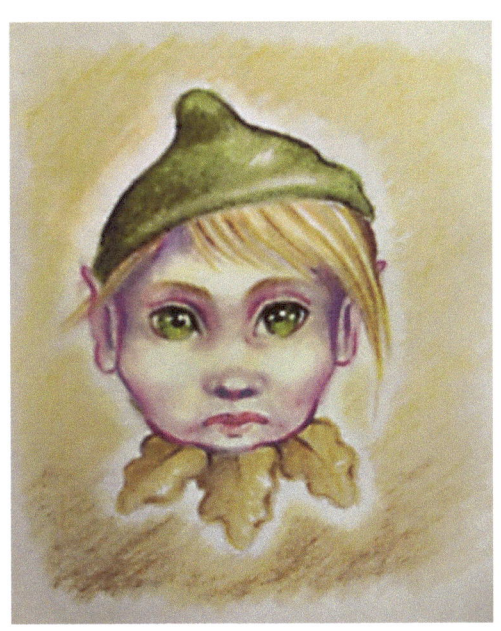

Fabiola Bonghi è autrice delle immagini di questo libro e dei testi che le corredano. Pittrice ed illustratrice, ama atmosfere fantastiche ed oniriche, che ricrea ed inventa nelle sue opere.

Sito internet: **http://fabiolabonghi.wixsite.com/inspirationalart**

pagina facebook: Fabiola Fantasy Art

Ogni riproduzione, parziale e/o totale, di questo libro, è consentita solo previo permesso scritto dell'autrice

Tutti i diritti riservati

copyright 2018 Fabiola Bonghi

prima edizione: Maggio 2018

Quando ero piccola i miei nonni ricevettero in regalo un libro illustrato, che spesso leggevo quando andavo da loro: si chiamava Fate e conteneva i disegni di creature fantastiche che gli autori avevano scorto in giro per i boschi e per le campagne.

Quel libro mi affascinò e mi insegnò che molte cose inaspettate si manifestano a chi sa guardare oltre le apparenze...

Così, tanti anni dopo, scopro di nuovo questa magica combriccola, e stavolta sono io a darle un volto, occhi per guardarmi e sembianze per farmi compagnia ...

Spero che possa farne anche a voi.

Fabiola B.

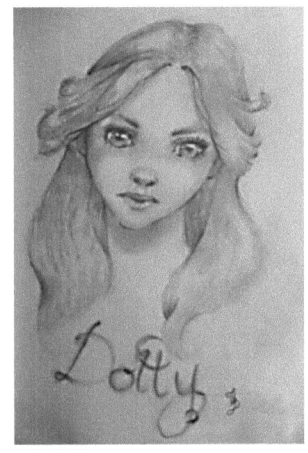

Questo gnomo si chiama Cappellino, ed appartiene al popolo degli Gnomi Senzabarba.

Nel suo villaggio è famoso per animare le feste e non riesce a star fermo solo che senta le note di un flauto, di un'arpa o di una cornamusa.

Lo chiamano anche dai villaggi confinanti ogni volta che si avvicina una ricorrenza o che il re degli gnomi passa di là …. ma non si può mai essere sicuri ai danni di chi organizzerà il prossimo scherzo!

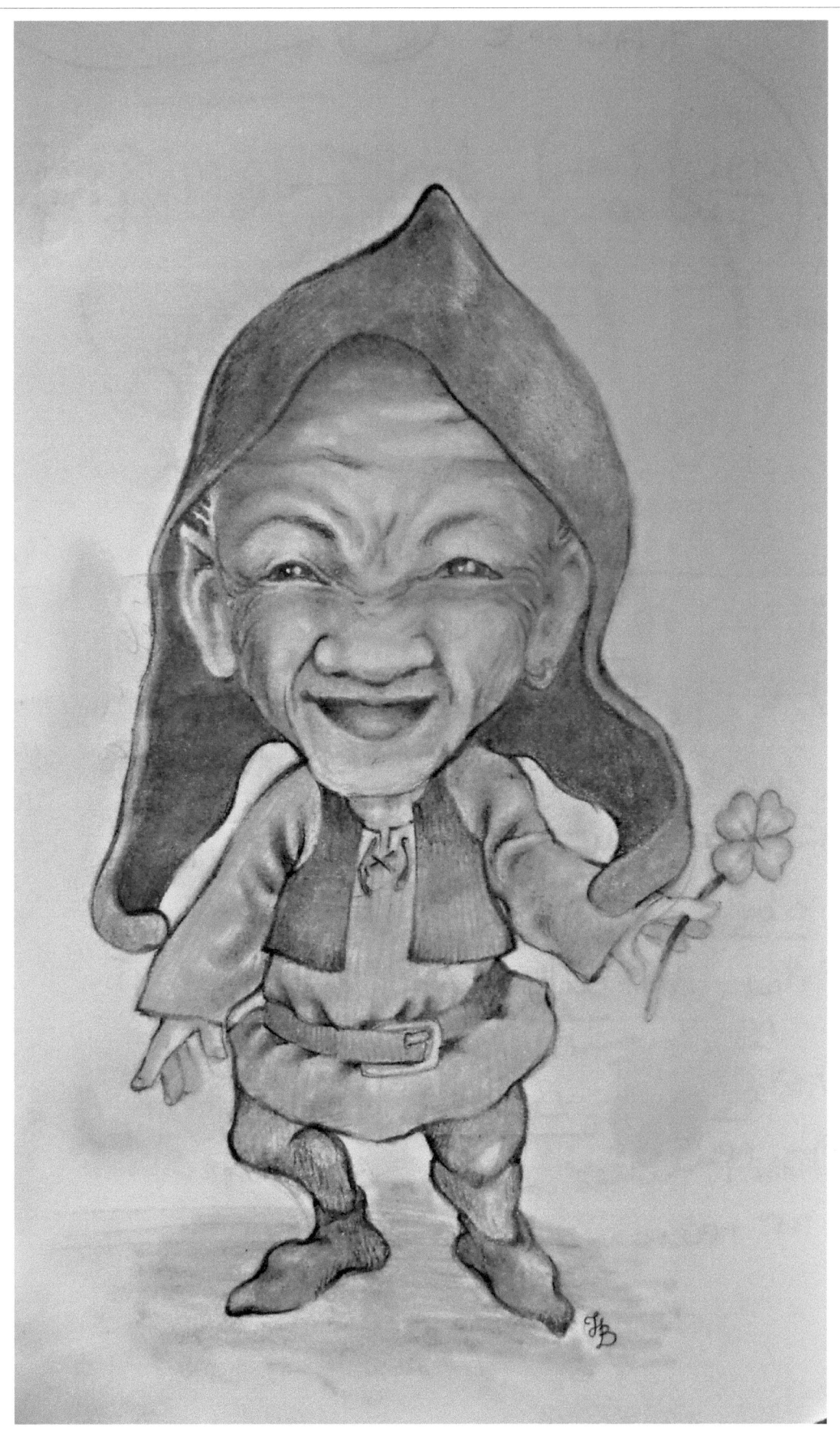

Fibbiedoro è uno gnomo accompagnatore, e precede Cappellino in ogni suo viaggio: si occupa di portare il cestino delle vivande, con il suo bastone allontana le felci dal suo cammino ed è molto fiero ed orgoglioso del suo ruolo di araldo.

Il suo sorriso sembra preannunciare il divertimento che Cappellino porta dovunque vada.

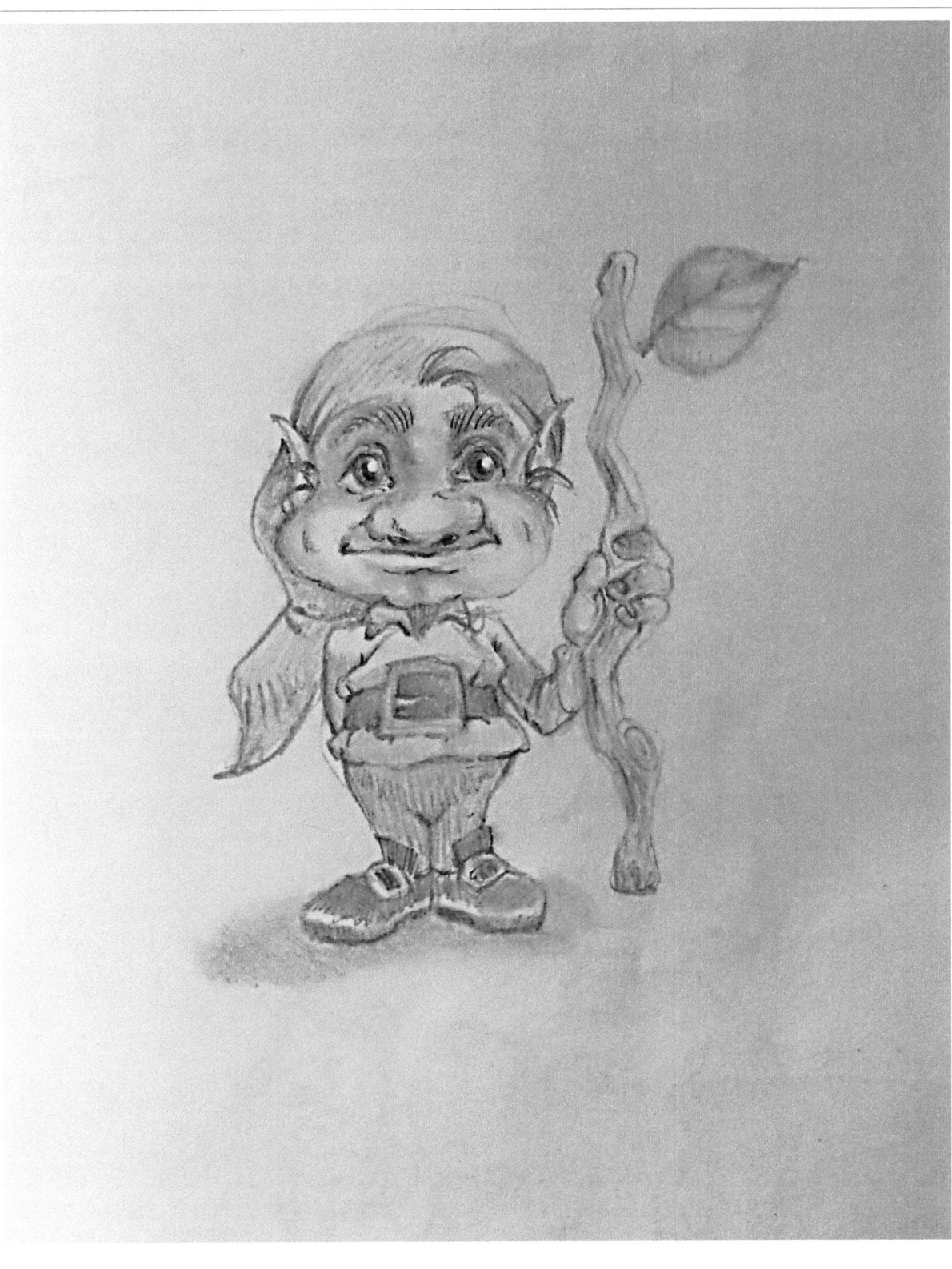

Questi bimbi appartengono l'uno alla specie degli esseri umani e l'altro a quella degli gnomi giganti: anche gli gnomi giganti hanno infatti dei piccoli, e, se cresciuti a fianco degli umani, non nutrono verso di loro alcuna animosità.

Purtroppo ciò non accade spesso, poiché gli gnomi giganti abitano montagne inaccessibili e non vedono quasi mai nessun uomo: perciò, quando gli capita di incontrarne qualcuno, sono spesso burberi e dispettosi.

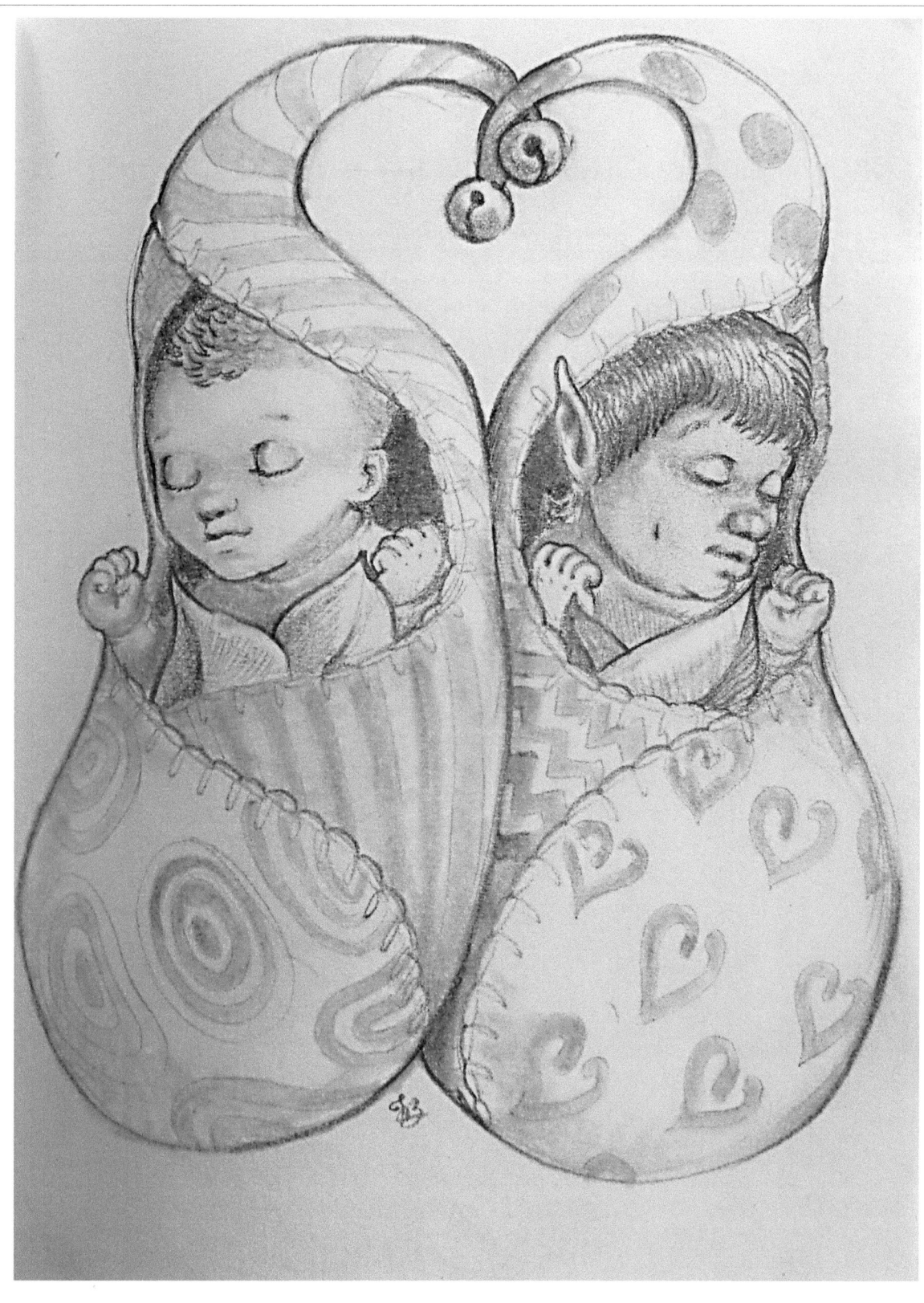

Anche gli gnomi ballano: questo anziano gnomo danzante l'ho scoperto dietro un armadio l'ultima volta che ho suonato la mia arpa.

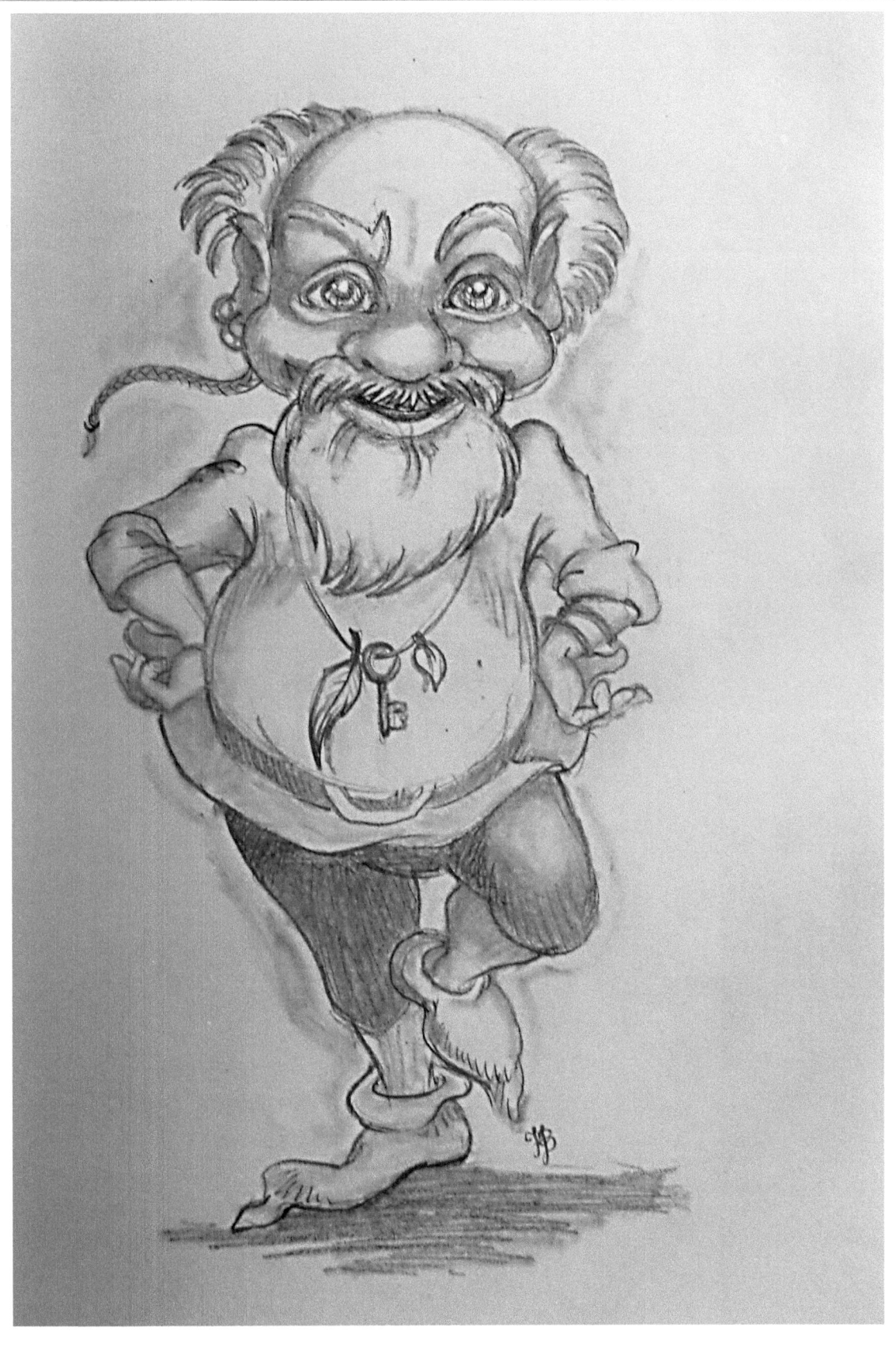

Le fate sono spesso maliziose ed impertinenti, ma questa, che ho incontrato in Irlanda, è sicuramente la più tenera e dolce in cui mi sia capitato di imbattermi: peccato che mi abbia rubato il panino e che abbia morso la mela che portavo nello zaino!

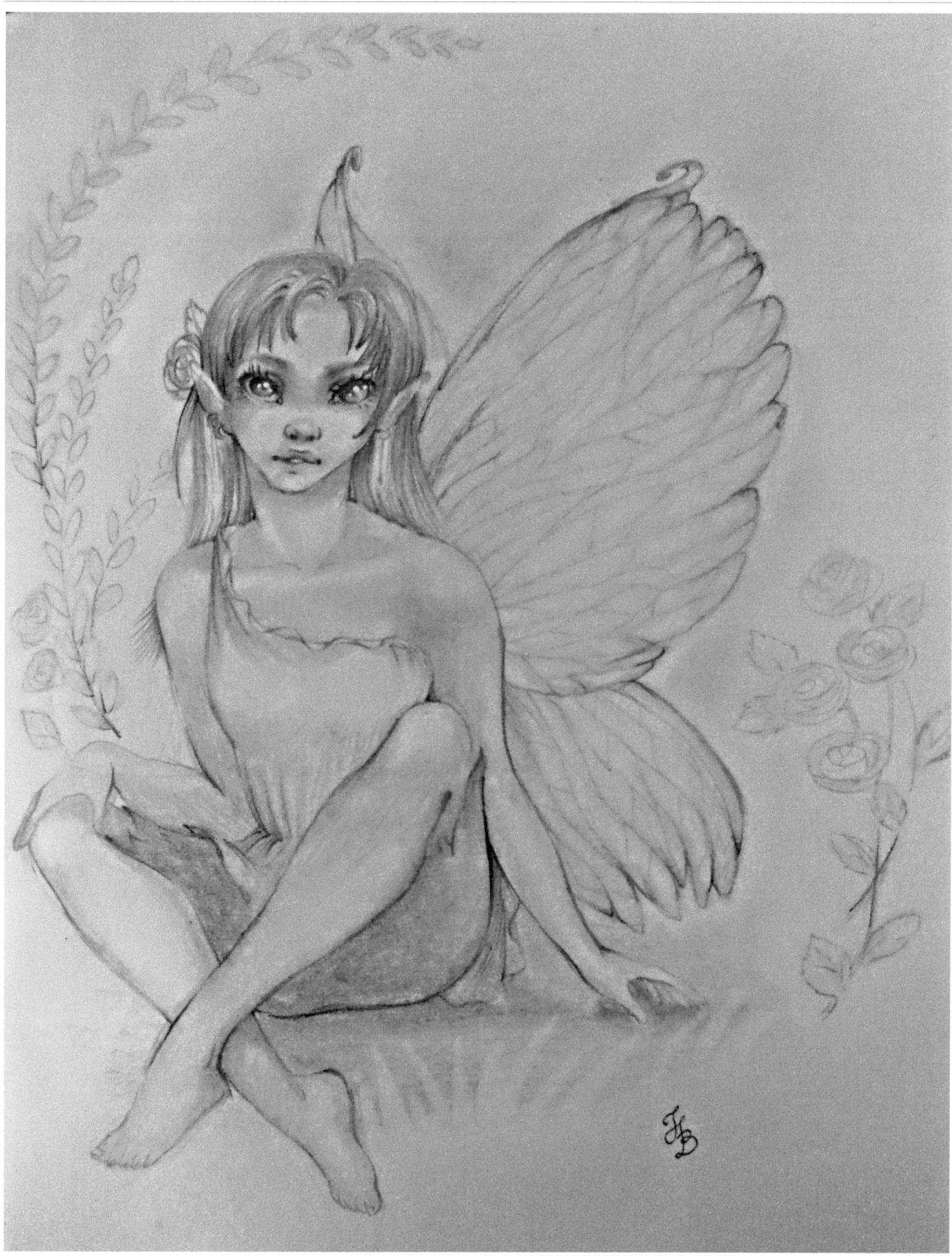

Le sirene sono esseri affascinanti ed hanno una voce ammaliante: ormai se ne avvistano veramente poche, per questo quando mi è capitato di avvistare lei nelle acque della baia di Dingle mi sono nascosta per bene, sperando di sentirla cantare: non sono stata fortunata, però! Forse aspettava un giovane uomo a cui rivolgere le sue canzoni …. ma considero una fortuna anche l'averla solamente vista!

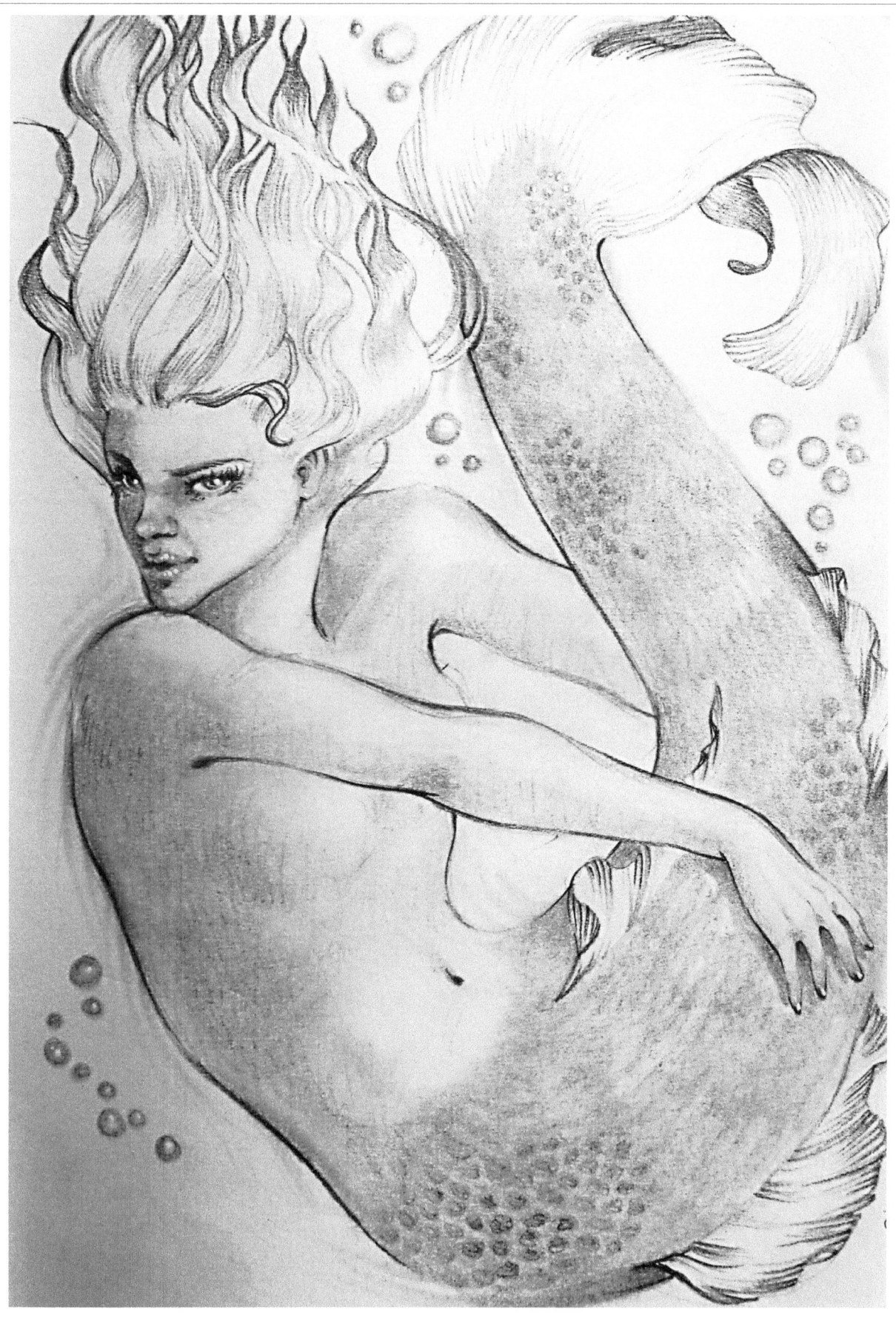

Nel mondo delle creature fantastiche ci sono esseri luminosi ed esseri spaventosi: la banshee appartiene sicuramente a questi ultimi, ma fortunatamente non ne ho mai vista una!

Ama pettinarsi i capelli con un pettine d'argento e, secondo la leggenda, vive vicino ai fiumi e nelle paludi, in Irlanda e in Scozia.

Quando un membro della famiglia sotto la sua protezione è prossimo alla fine, gli appare e piange con lamenti disperati.

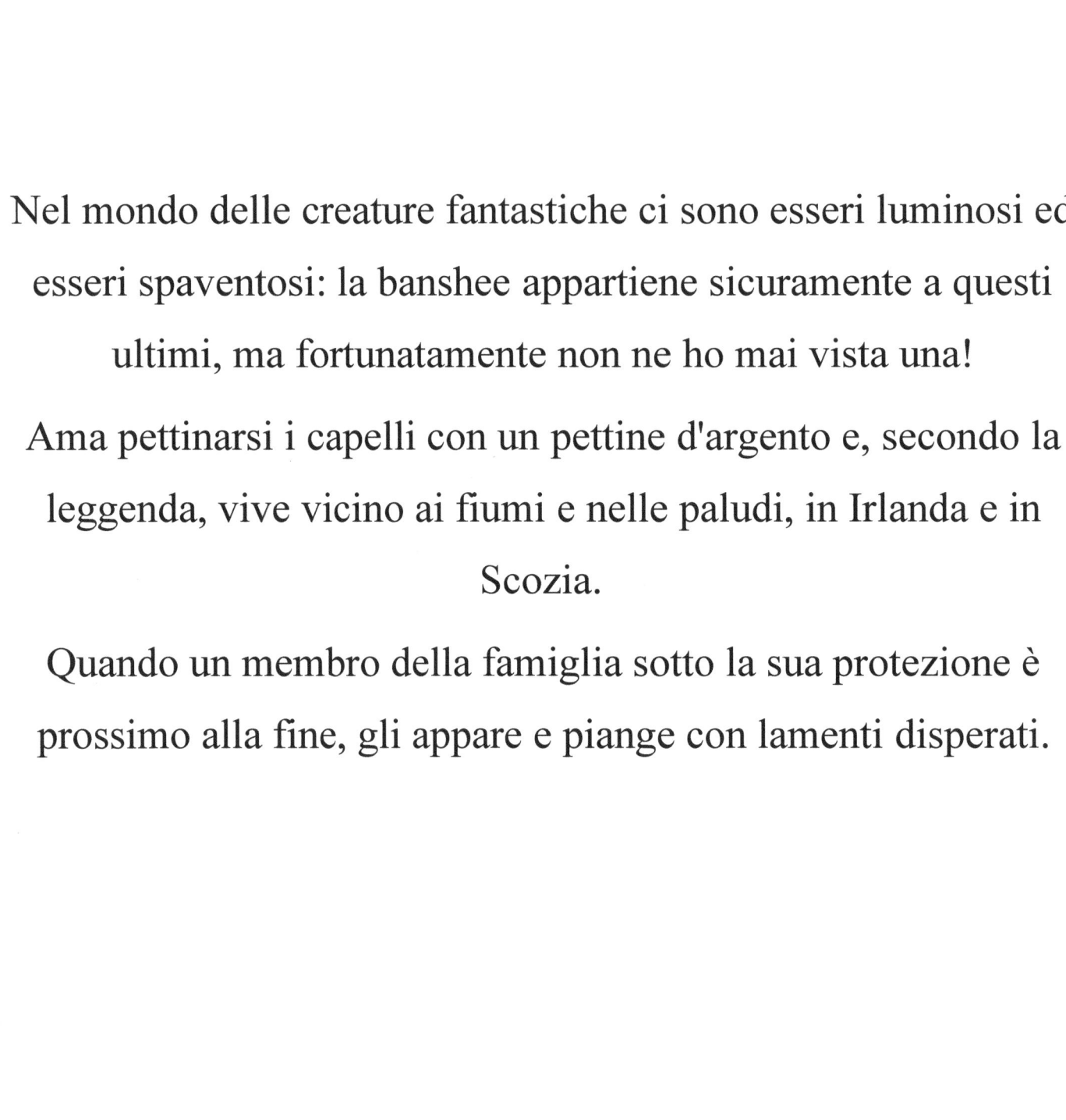

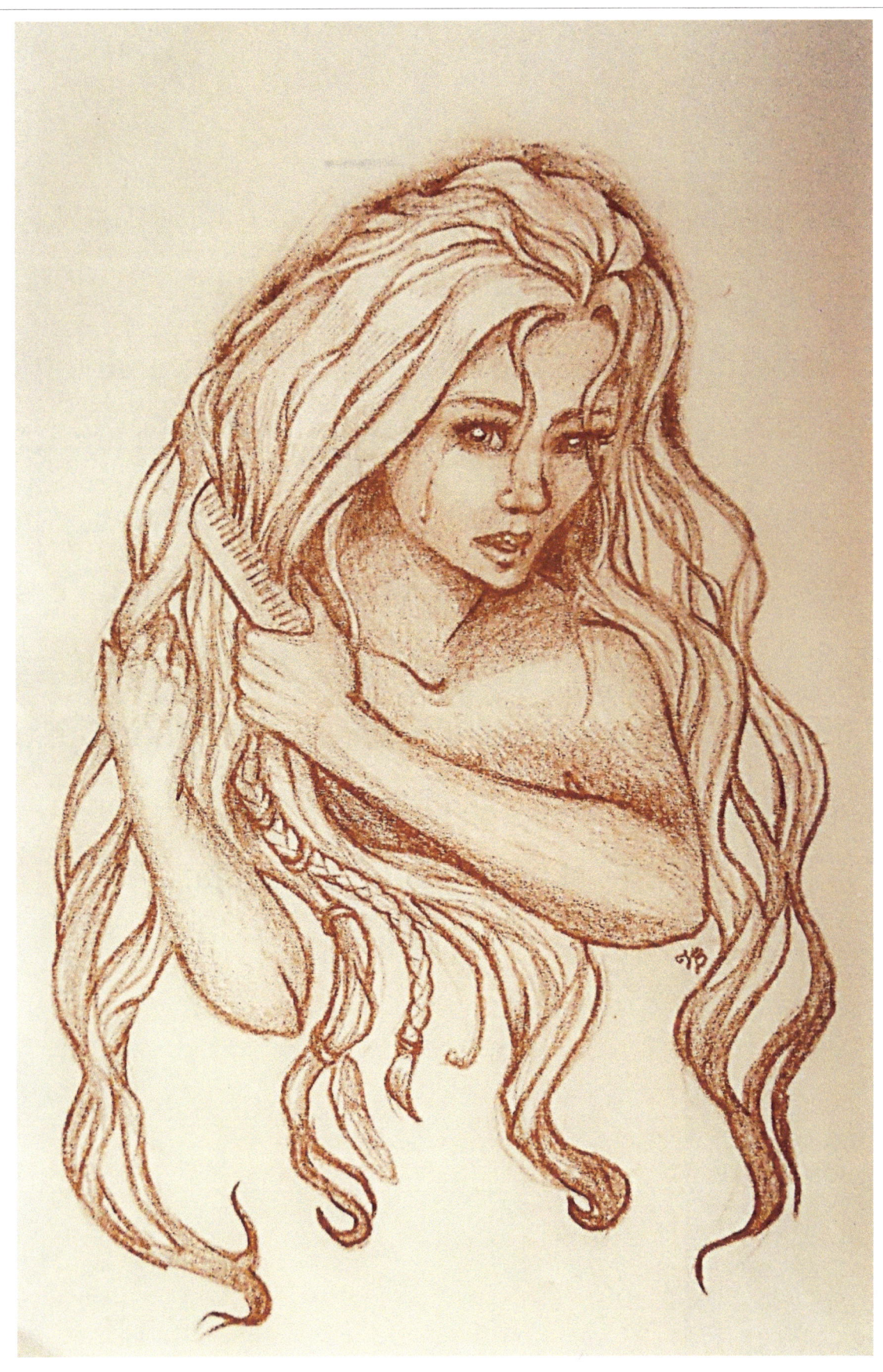

Questa elfa si chiama Luce d'Estate ed appartiene al popolo degli elfi dei boschi.

Esso è molto legato alle foreste e vive in grandi città arboree costruite tra i rami degli alberi più alti.

Quando l'ho avvistata e ritratta era pensierosa, e non si è accorta di me, che la guardavo nascosta dietro un cespuglio: è stato un evento straordinario, perché gli elfi hanno sensi affinati ed un udito finissimo, che gli consente di sentire gli umani che tentano di avvicinarli a decine di metri di distanza, cosa che stavolta non è avvenuta.

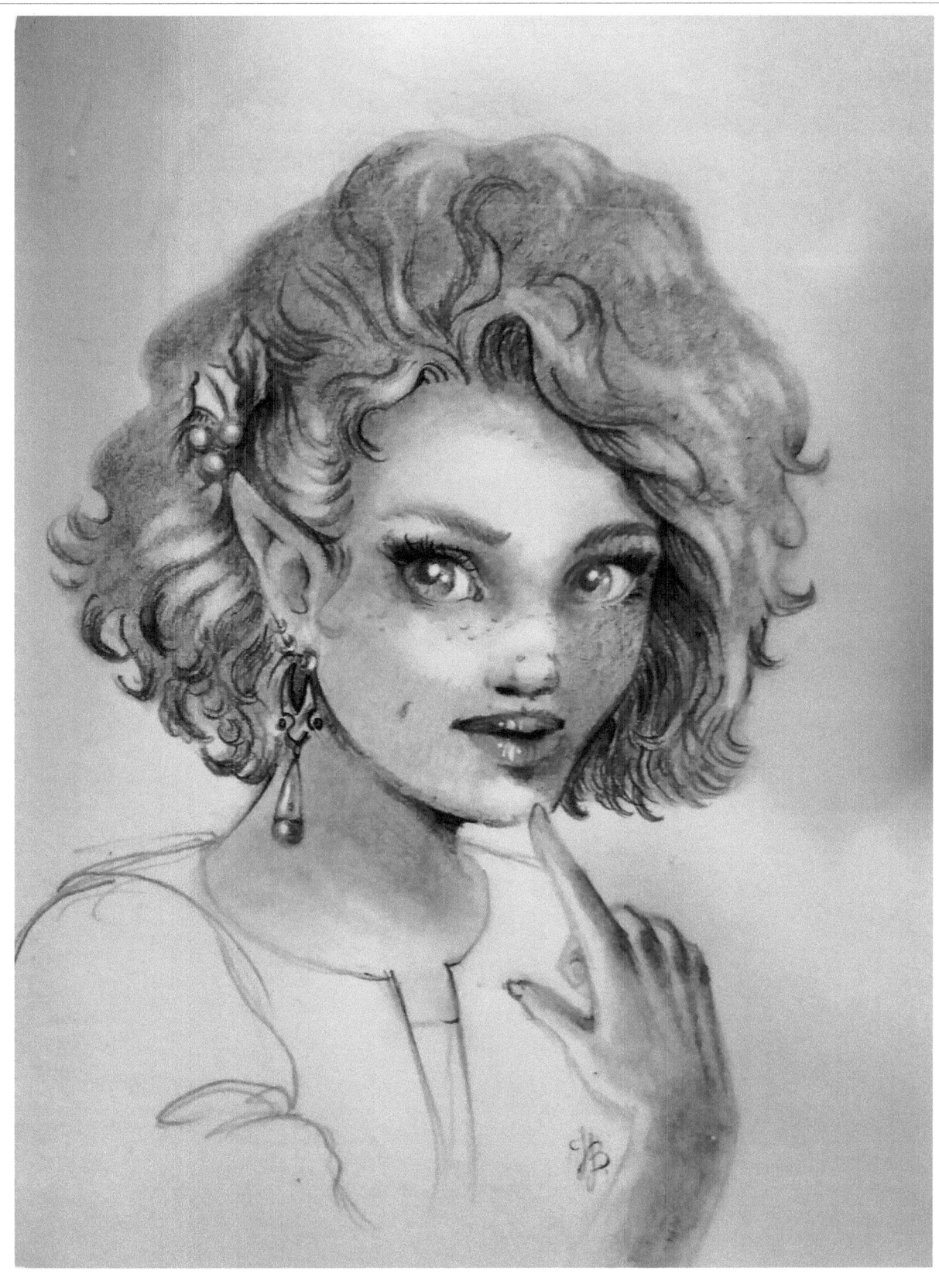

Tanto tempo fa vidi un ritratto di questa principessa nella casa di una vecchia signora irlandese, appeso accanto al camino.

Quando chiesi chi fosse, la vecchina mi raccontò la storia di una principessa degli elfi di nome Leah, o Raggio di Luce, che viveva nel Kerry e si diceva accogliesse alla sua corte i più bravi arpisti tra gli uomini.

Molti musici desideravano suonare dinanzi a lei, ma, tra quelli che vi riuscirono, nessuno è mai tornato indietro a raccontarlo.

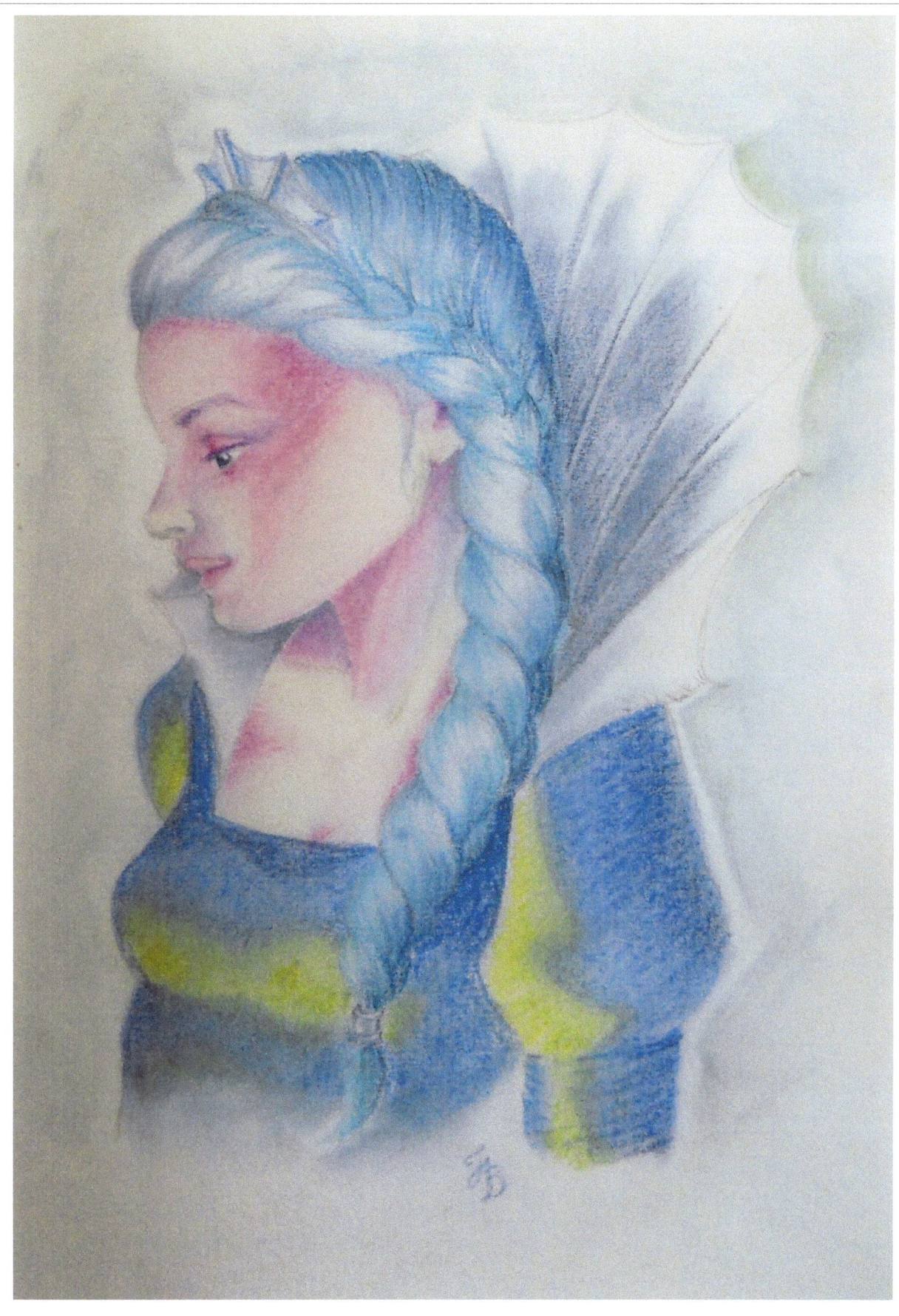

Le fate sono creature timide e maliziose. Non tutte hanno le ali, e, che io sappia, nessuna di quelle che le hanno è mai stata vista, almeno finora, uscire dalla sua crisalide.

É quello che è capitato a me: vederne una, intendo, nel momento in cui viene fuori dal suo bozzolo dispiegando gradualmente le ali variopinte.

Questa si è accorta di me mentre ne usciva e mi ha rivolto il suo sorriso incerto prima di volarsene via nella brezza.

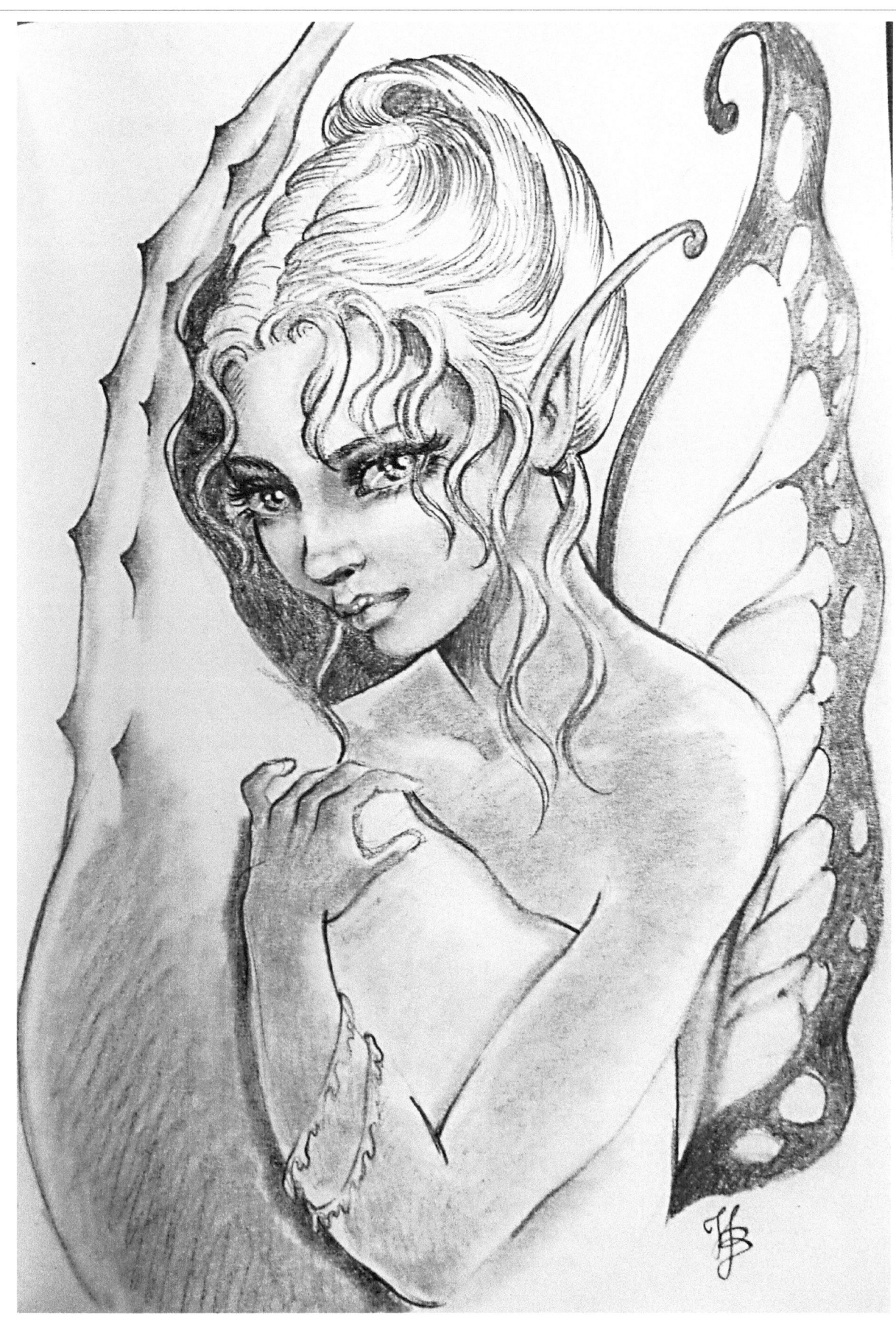

Luce d'Estate, l'elfa dei boschi, non è stata l'unica del suo popolo che sono riuscita a vedere: nella stessa settimana ho dedicato molto tempo a cercare Niamh, un'elfa dedita alla cura degli esseri silvestri.

Non so se per ricompensarmi della mia tenacia, o per non farmi andar via scontenta, Niamh si è fatta vedere proprio l'ultimo giorno prima del mio ritorno a casa, accompagnata da una farfalla, un passerotto e un piccolo essere che non sono riuscita ad identificare.

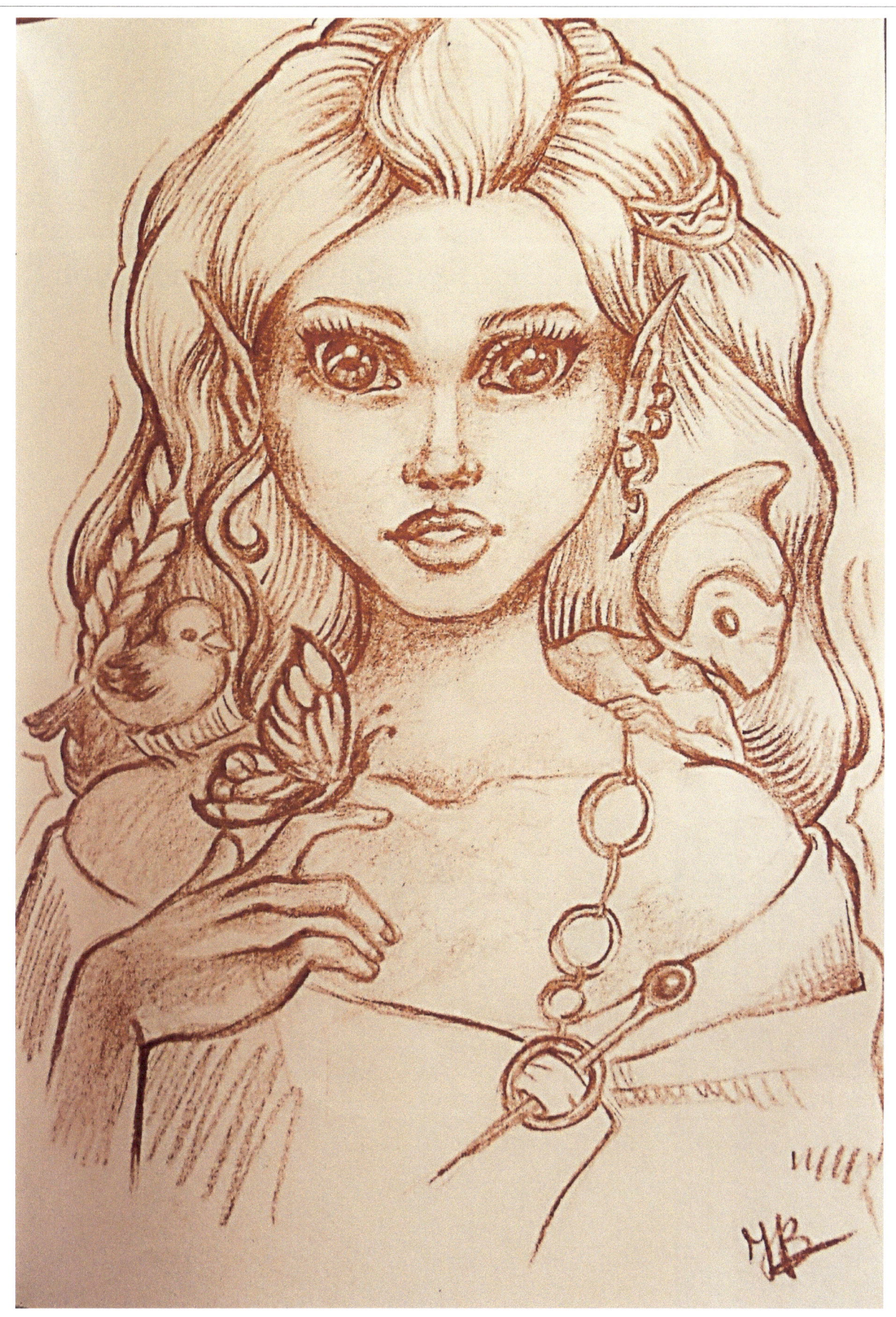

Altre due fate farfalle: Keira dagli occhi neri, con il suo coniglietto ….

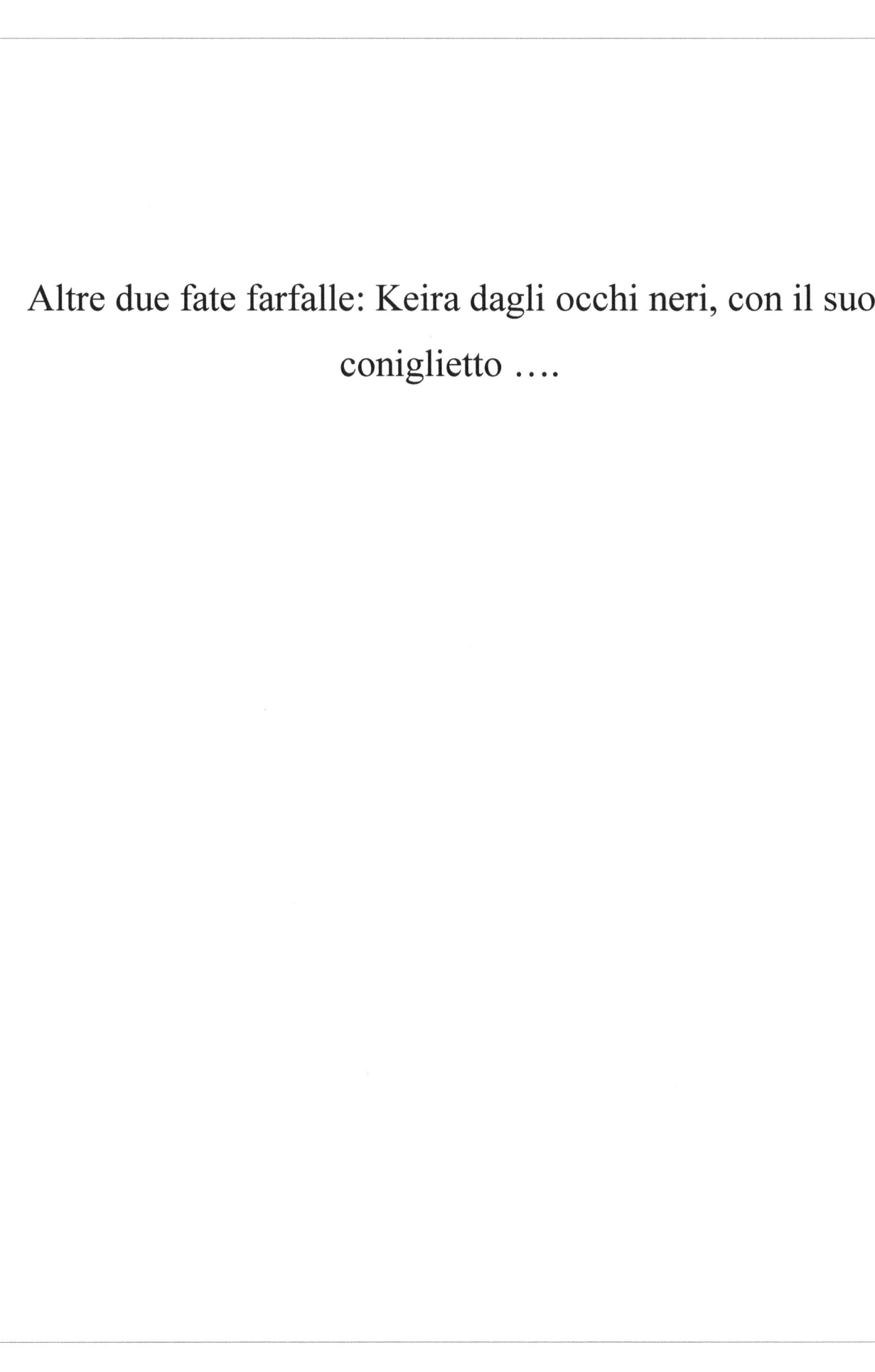

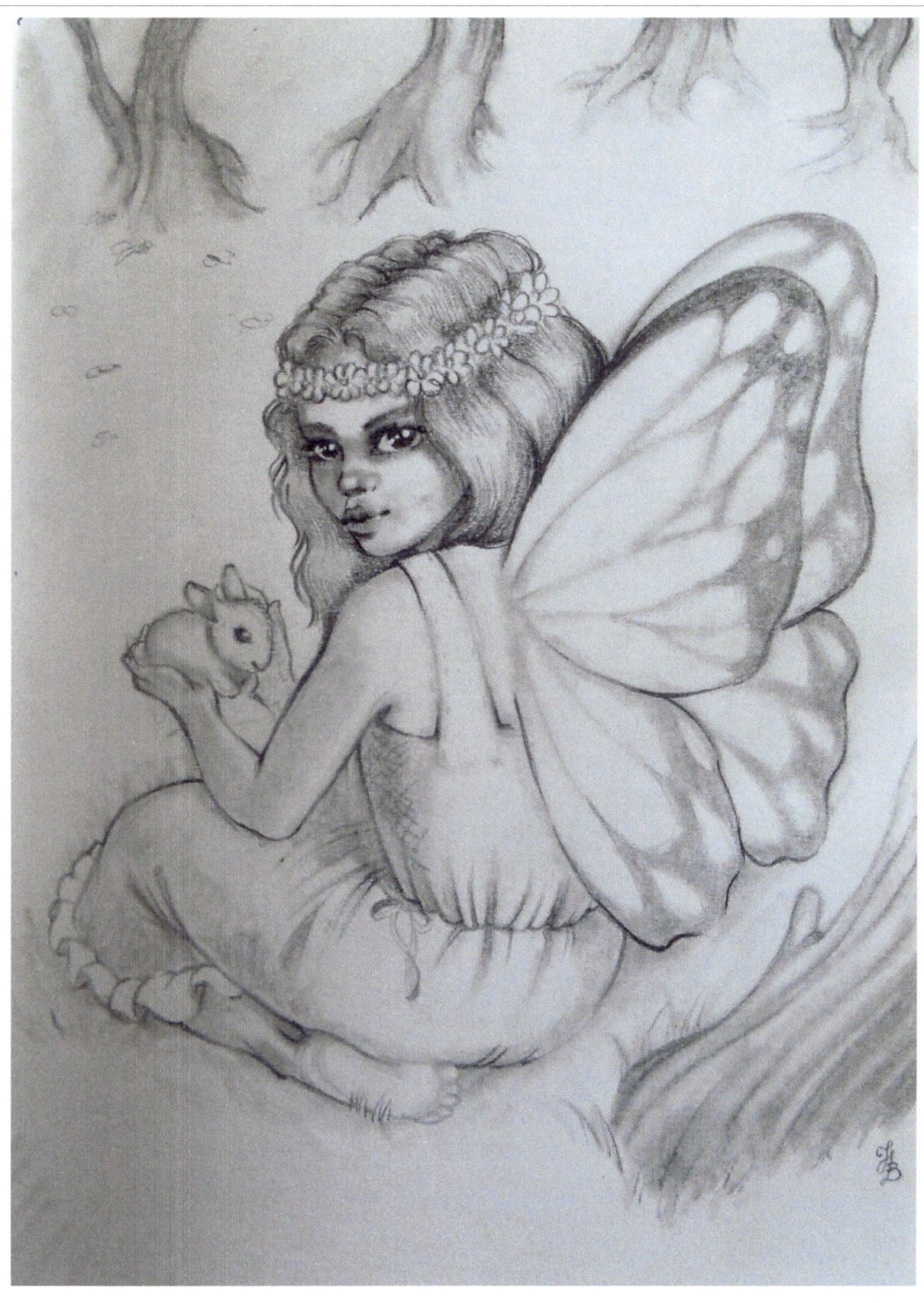

…. e la silvestre Maeve dalle ali cangianti.

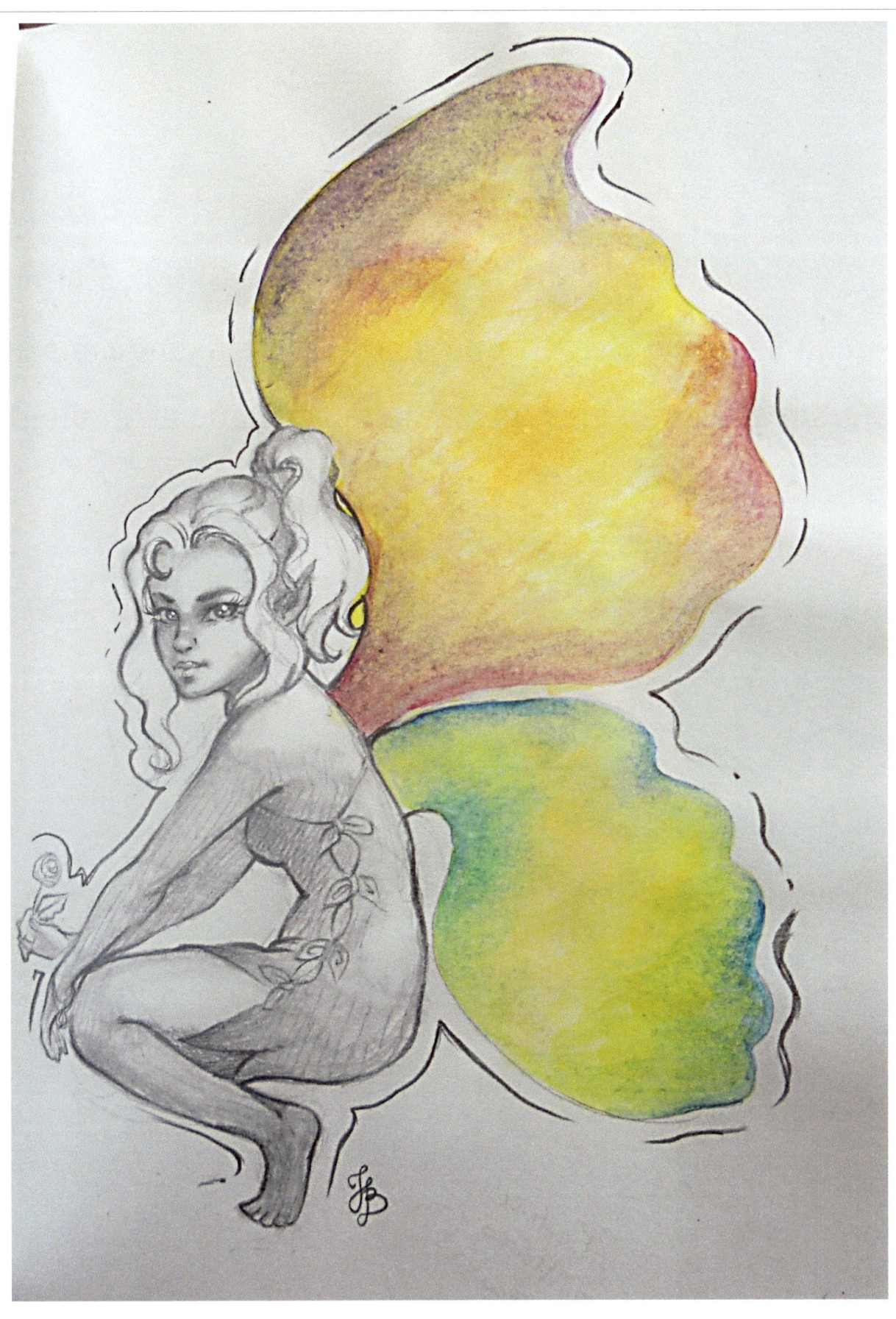

Gli elfi appartenenti a diversi ceppi sono soliti incontrarsi in dei raduni che avvengono solo una volta ogni cinquanta anni … questo gruppo di giovani elfe avrà sicuramente molto da dirsi!

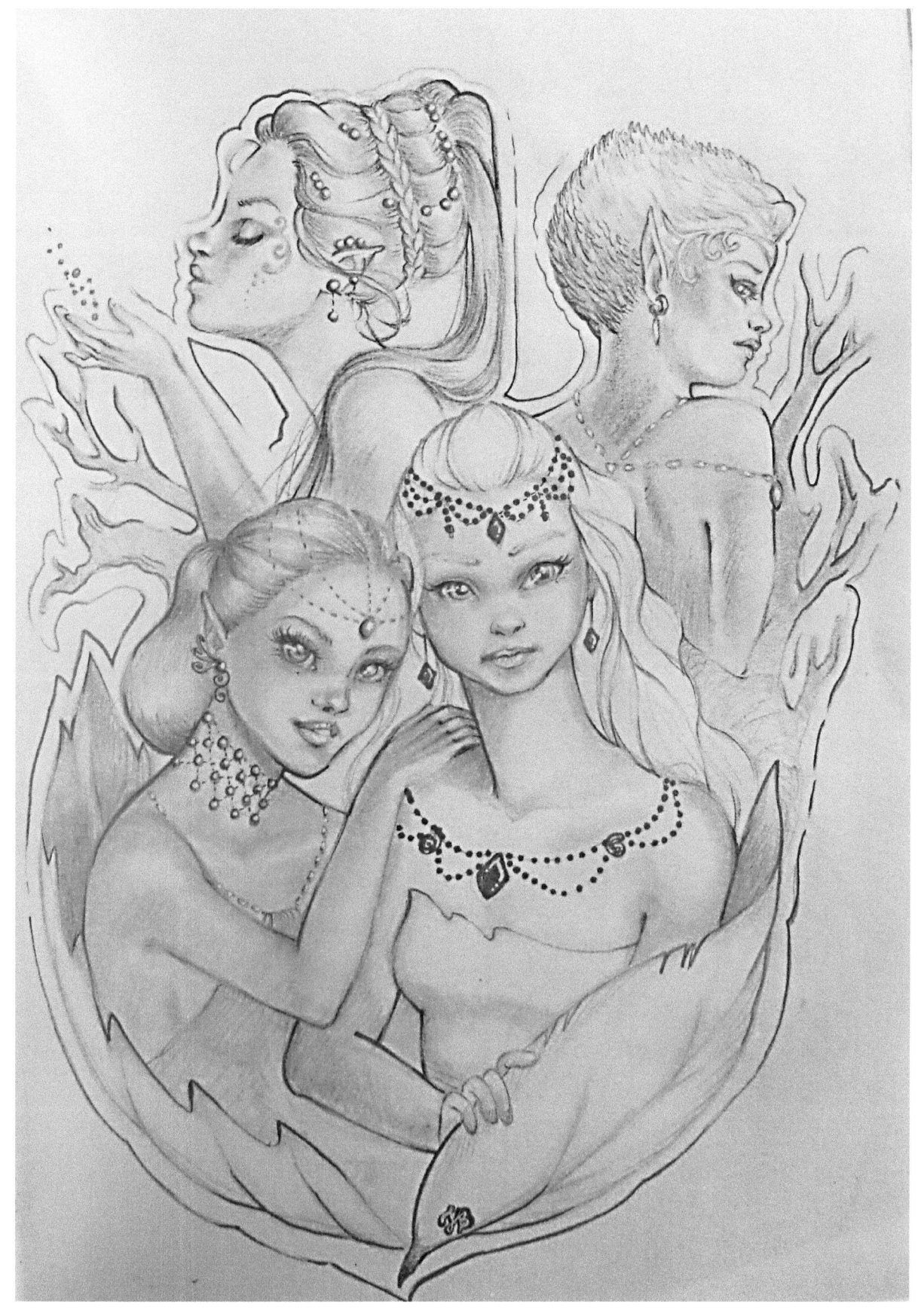

L'unicorno è un animale così schivo che alcuni credono, a torto, che non sia mai esistito: in realtà avvicina solo giovani fanciulle innocenti, e solo quando è certo che non siano accompagnate.

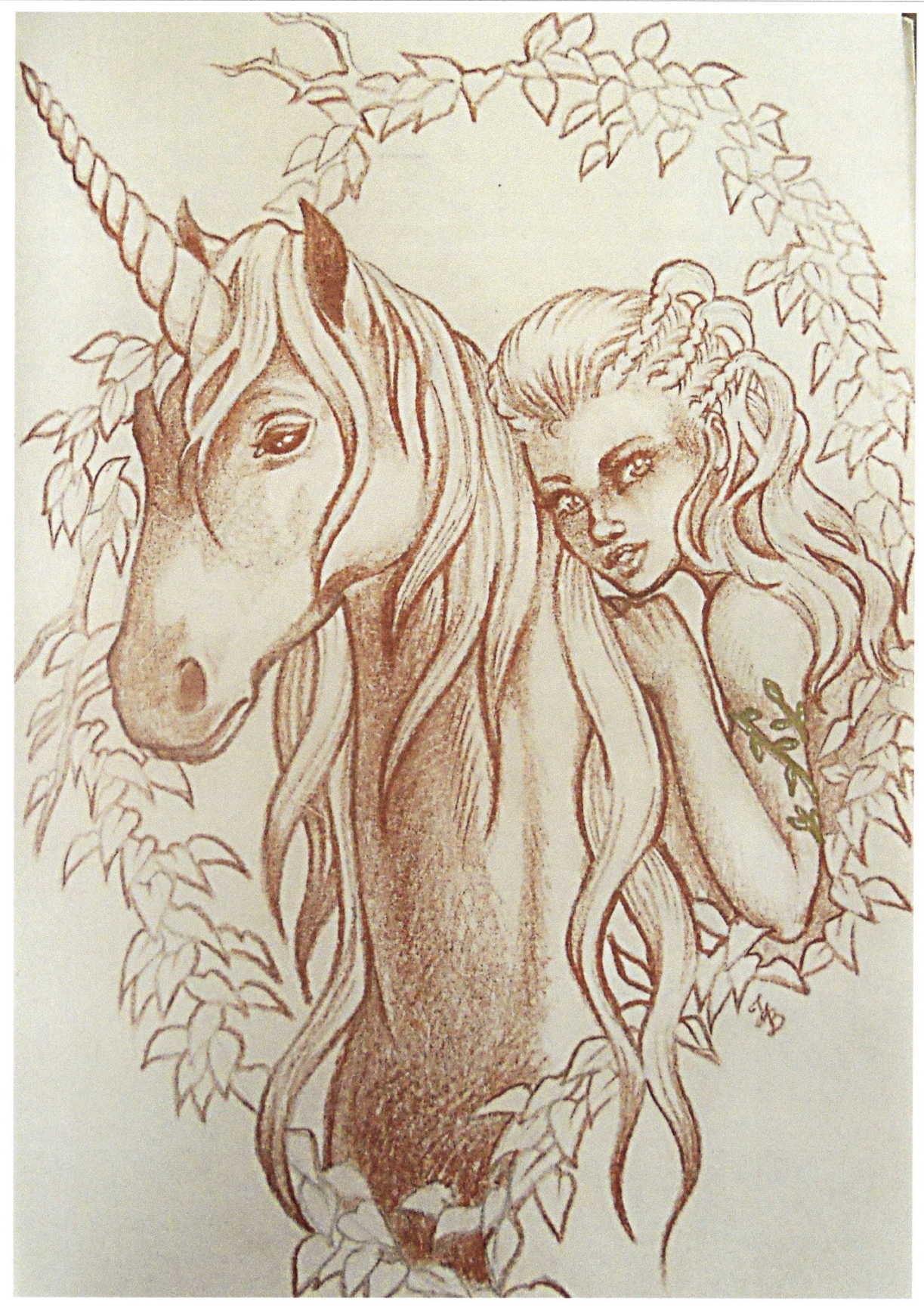

Credo di essere stata l'unica finora ad avvistare una fanciulla drago: non ne ho mai letto nei libri, né ne ho sentito parlare: questa l'ho colta nell'attimo prima di spiccare il volo da una rupe.

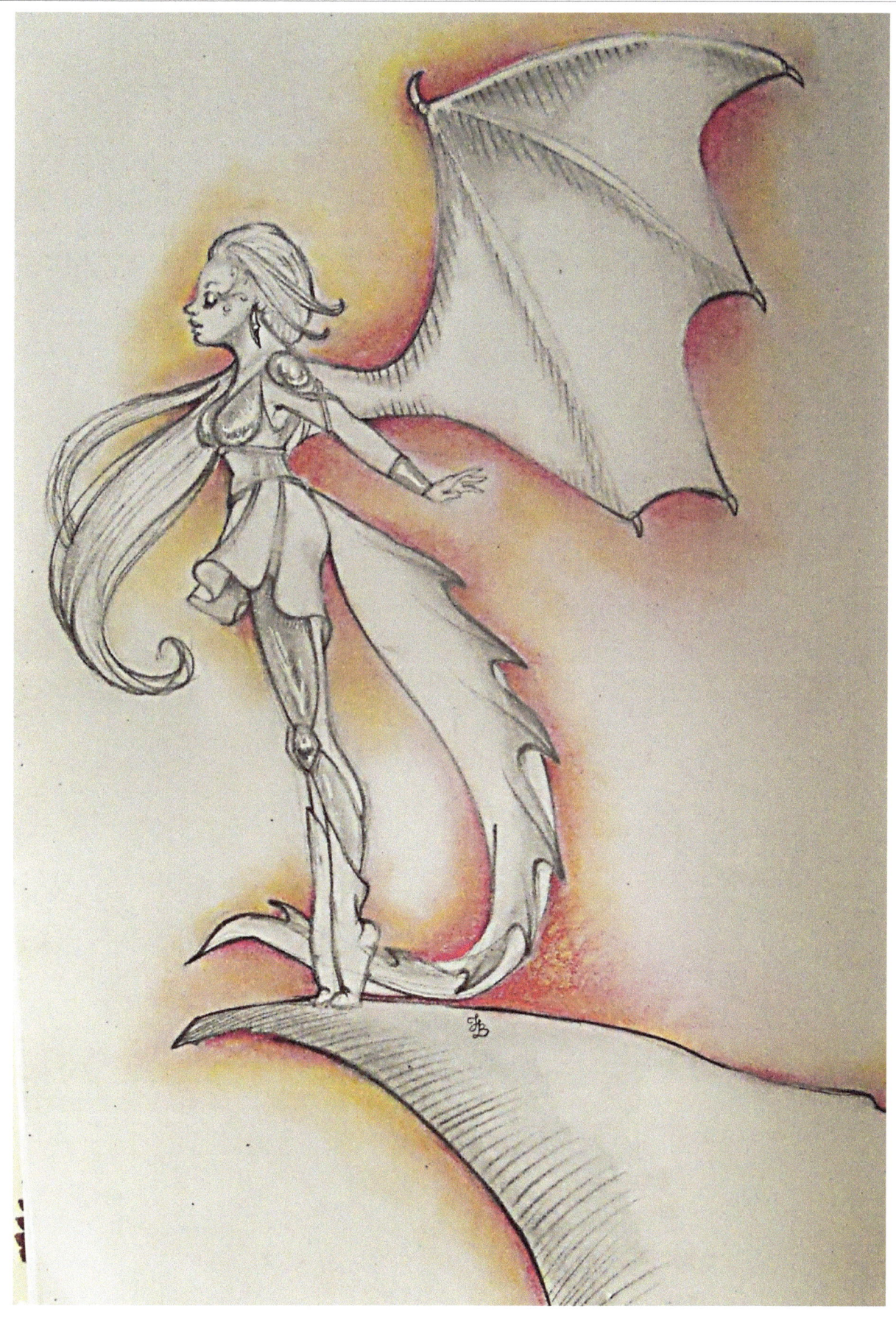

La selkie è un essere che abita i mari del Nord, ed è conosciuta in Scozia, Irlanda e Islanda: è una donna foca che, quando esce dall'acqua, si spoglia della pelle dell'animale e rivela la sua bellezza di fanciulla.

Si narra che un giovane pescatore, innamorato della bellezza di una di loro, ne rubò la pelle di foca, impedendole di far ritorno al mare per tenerla a vivere con sé.

Anni dopo la cattura la creatura riuscì a impadronirsi della sua pelle di foca e a far ritorno all'acqua, ma dovette abbandonare i figli che quel giovane le aveva nel frattempo dato.

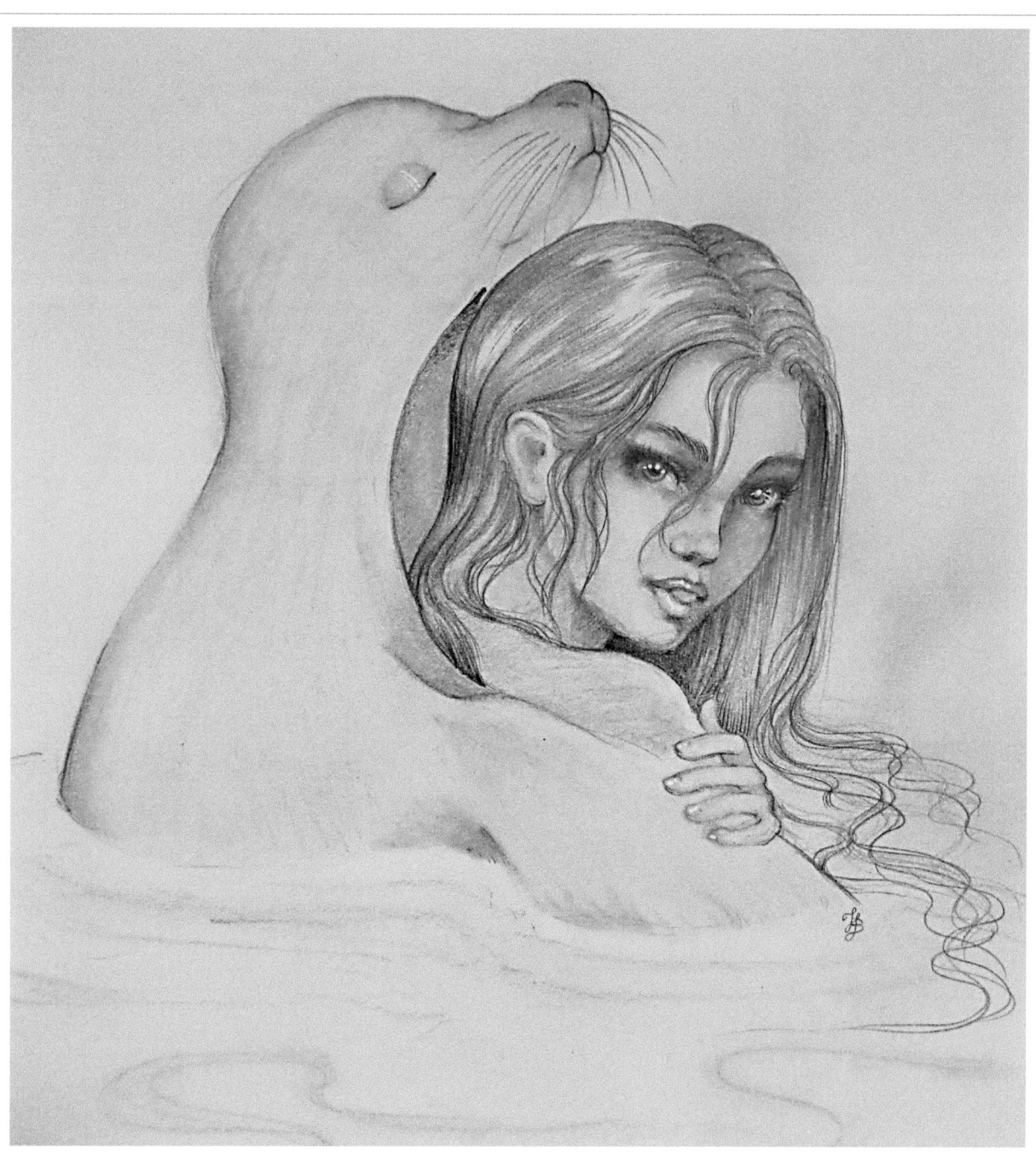

Una giovane elfa dai capelli intrecciati.

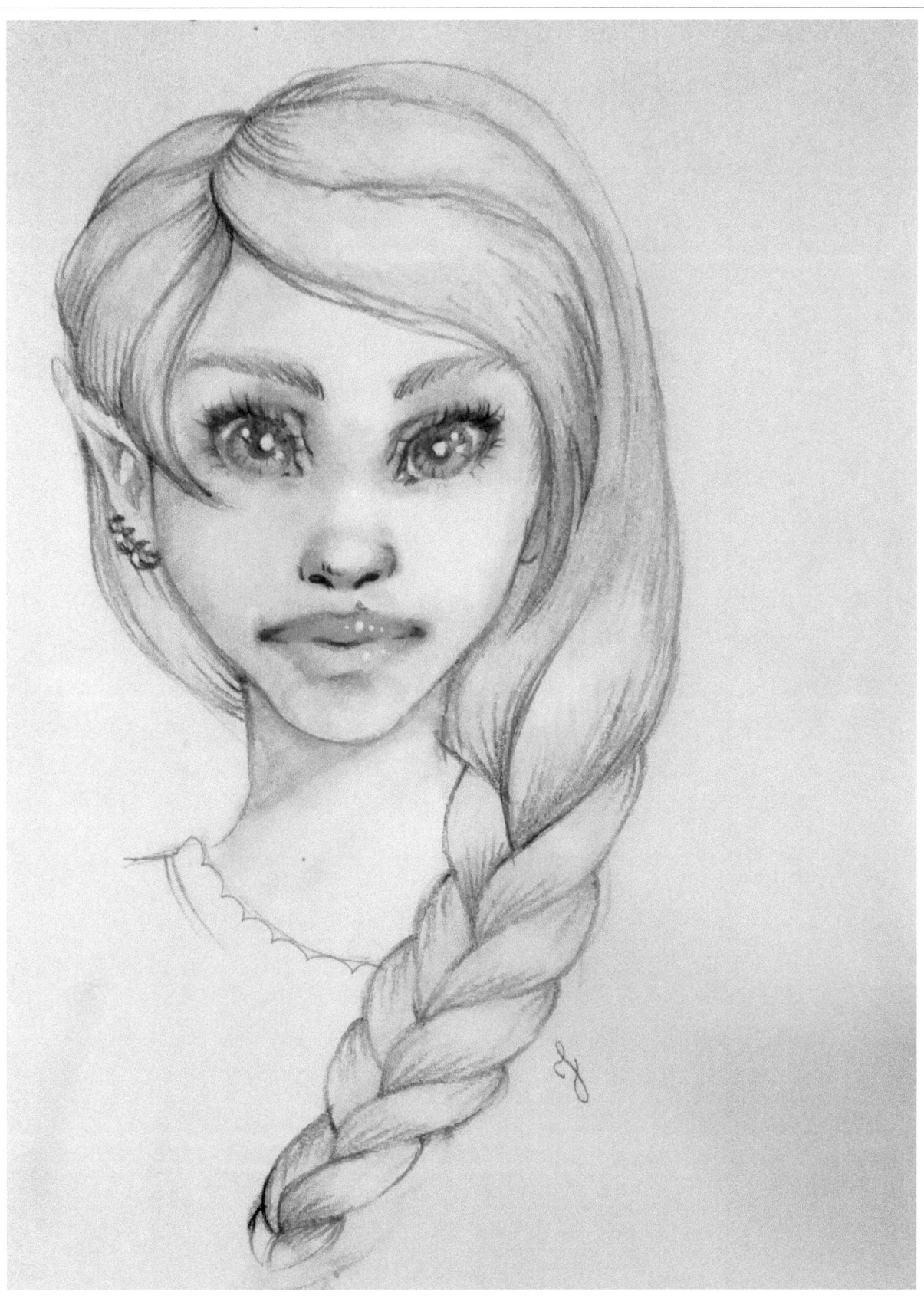

Questa è Ailie, principessa degli elfi delle montagne: il suo popolo vive tra le brume dei monti Cairngorms, nelle Highland scozzesi.

É rinomata per offrire ospitalità ai viandanti che si perdono tra le sue montagne.

Pochi uomini, tra quelli che ha ospitato, hanno fatto ritorno alle loro case: ma, quando ciò è avvenuto, hanno scoperto che le settimane passate tra gli elfi equivalevano ad anni umani, e che dei loro cari nulla era ormai rimasto, se non polvere.

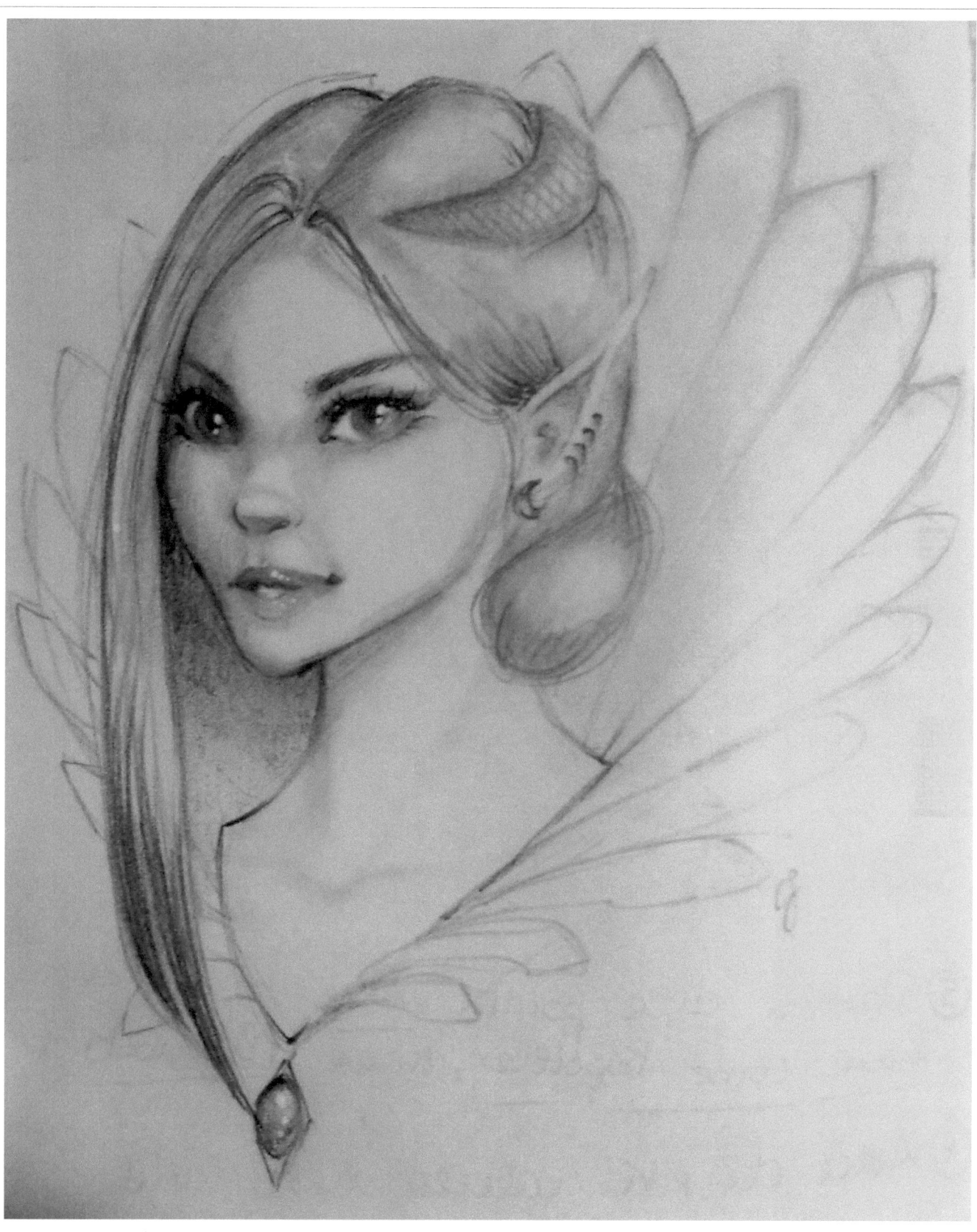

Le creature fantastiche vivono in luoghi permeati di magia: questa è la semplice casa nel bosco di un piccolo gnomo.

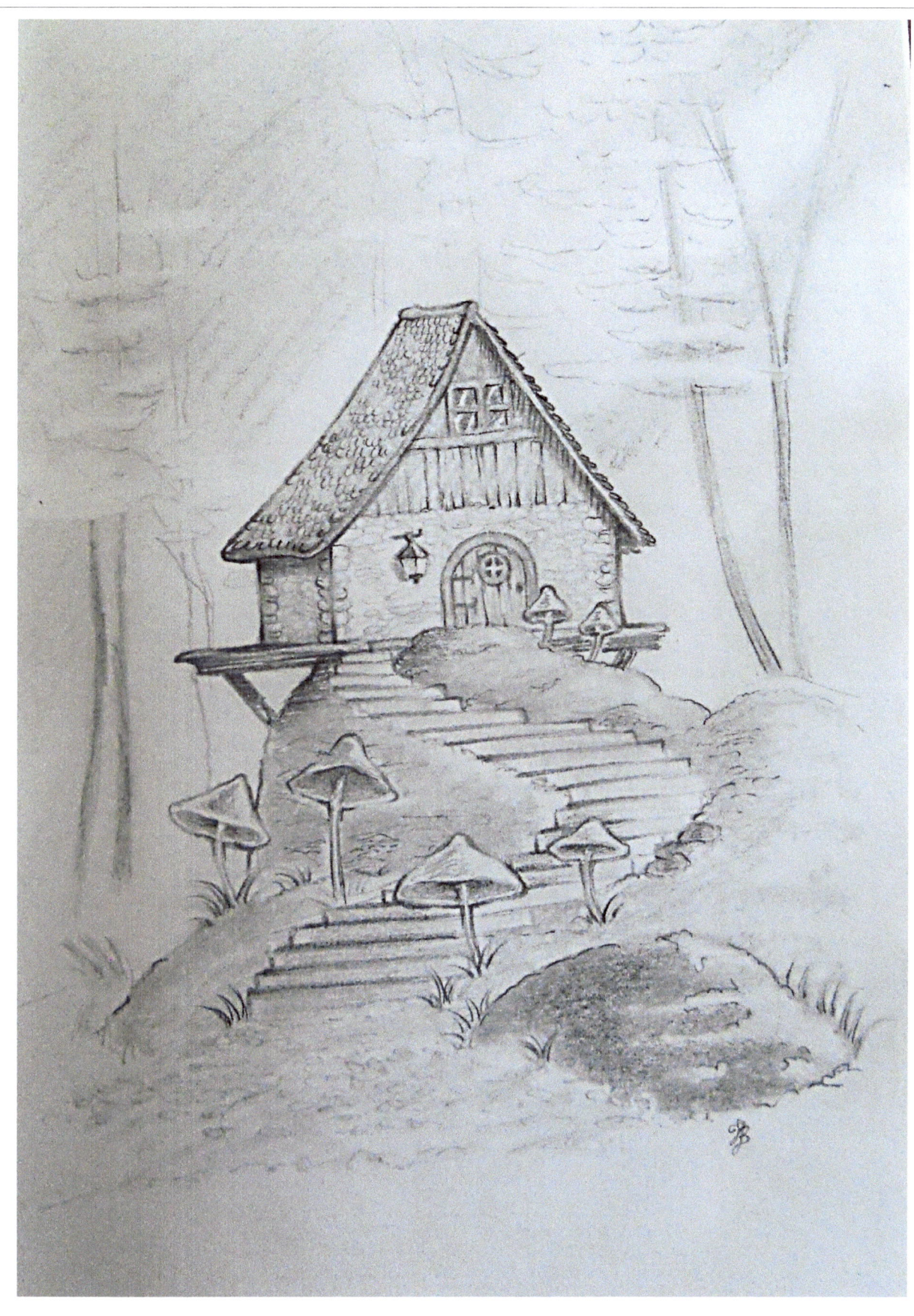

La casa di questa strega non nasconde minimamente la natura della sua padrona, anzi: l'insegna recita la parola "Spells", incantesimi, ed il cartello appeso sulla porta avverte che la strega è in casa…. entrate a vostro rischio e pericolo!

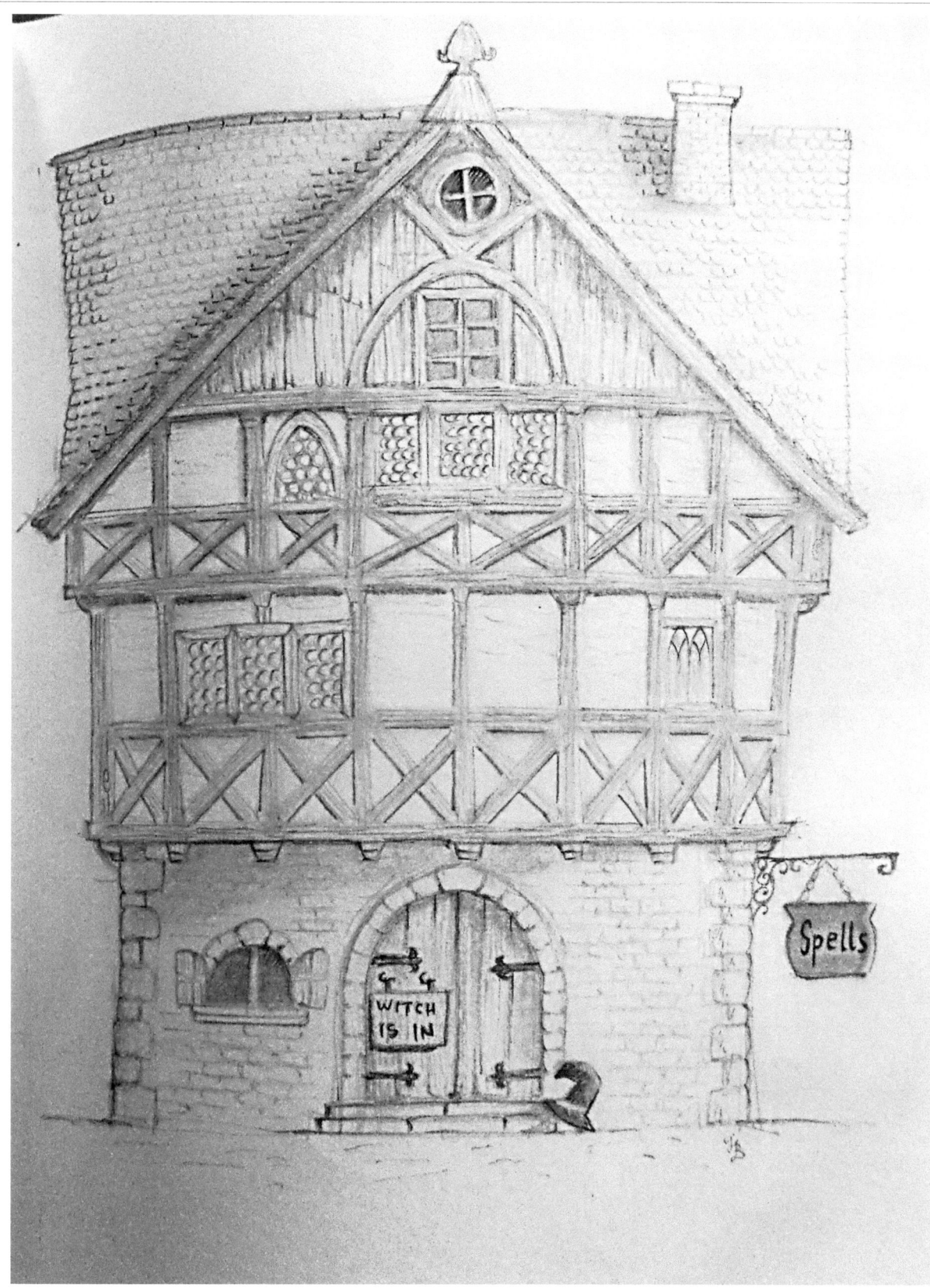

Le case delle fate sono ben nascoste nel bosco e difficili da trovare: ma, se ci si imbatte in una di esse, è meglio far finta di nulla per non indispettirne gli abitanti, attirandosene la malevolenza: non c'è nulla di più pericoloso di una fata arrabbiata!

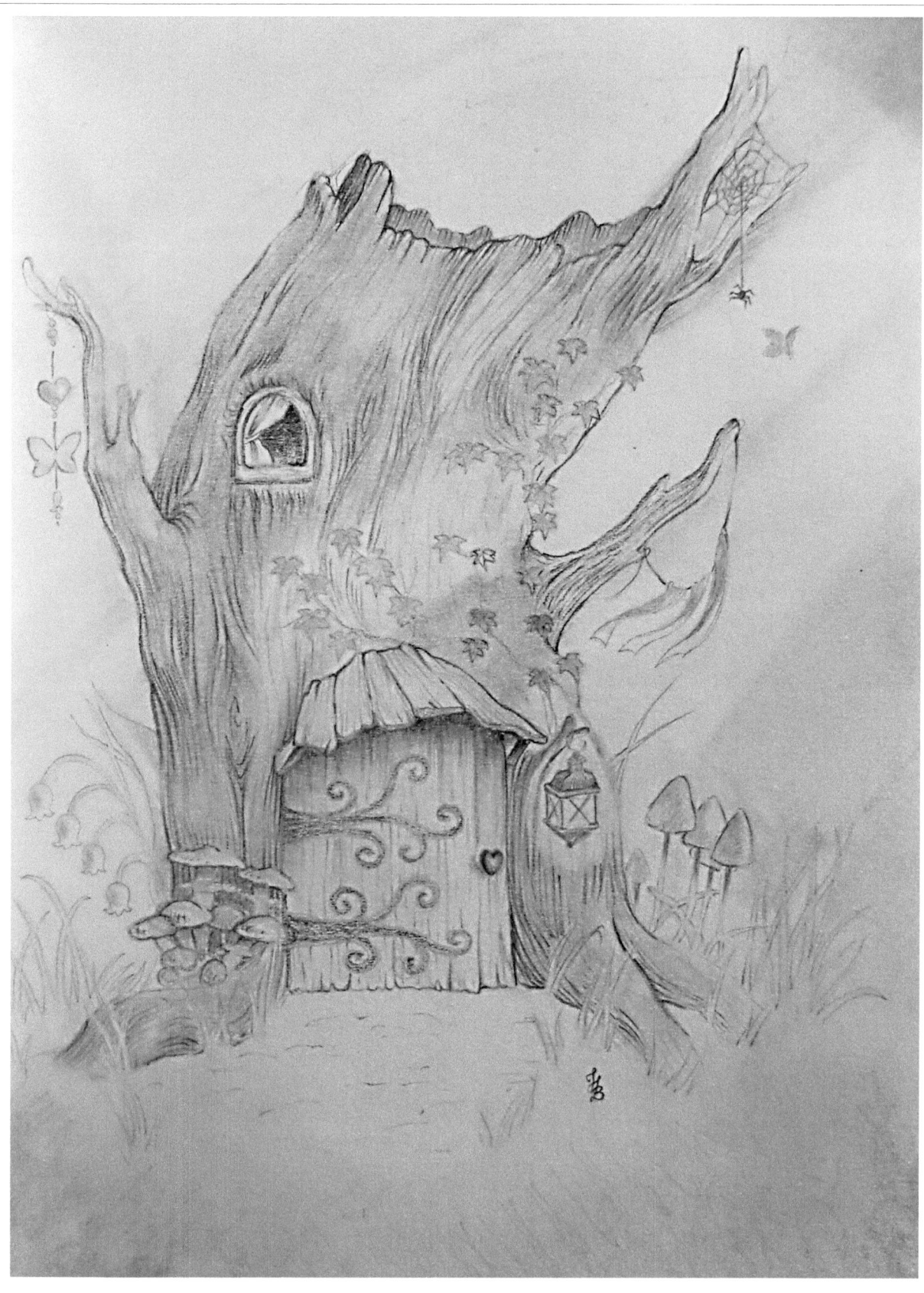

Dagli alberi nasce tutto: frutti, ombra, la forza magica del bosco … per questo molti esseri fantastici ne fanno la loro casa, soprattutto se sono querce grandi e frondose.

Questa è abitata da fate, e frequentata da streghe e pixies.

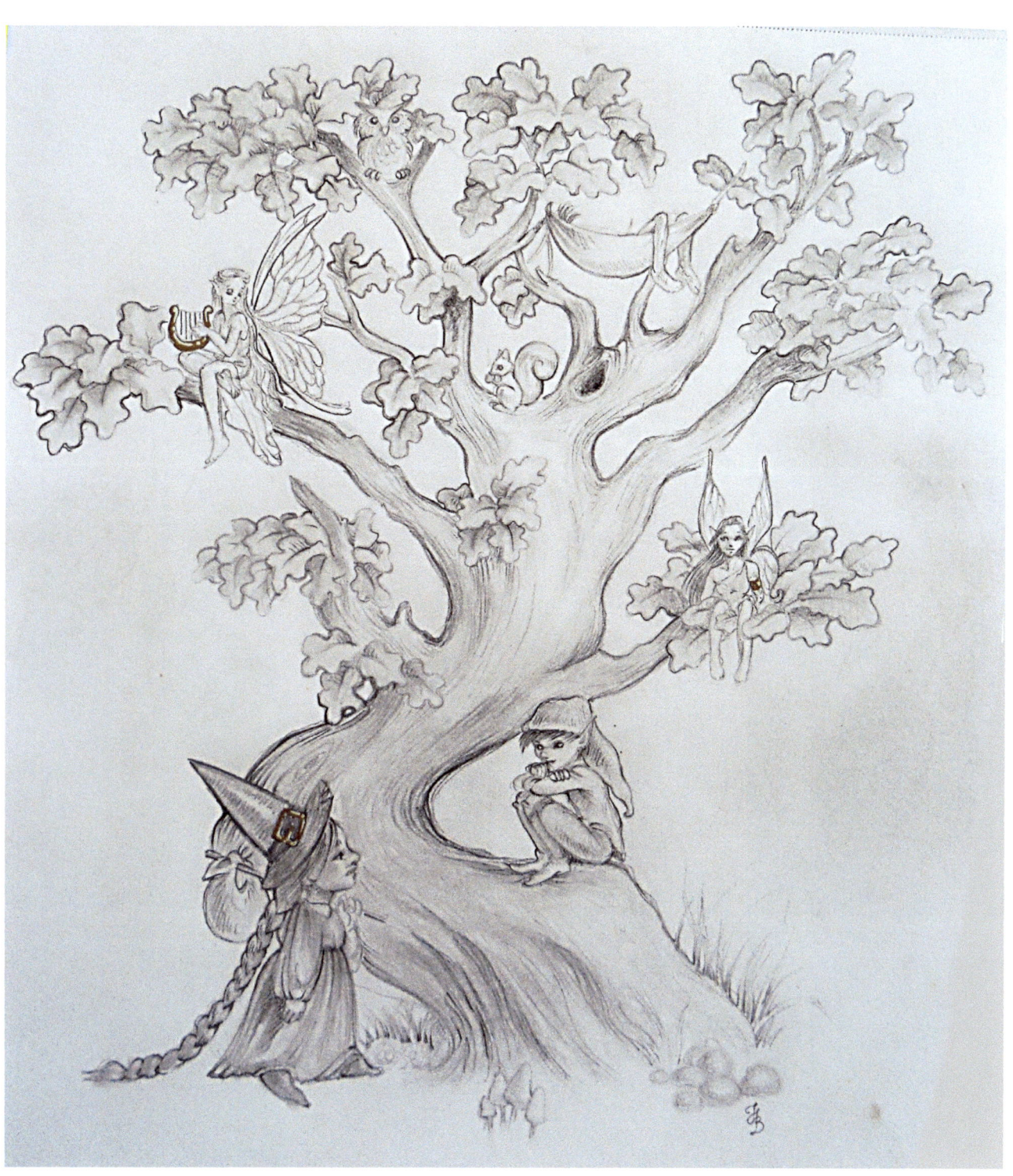

A presto ……..

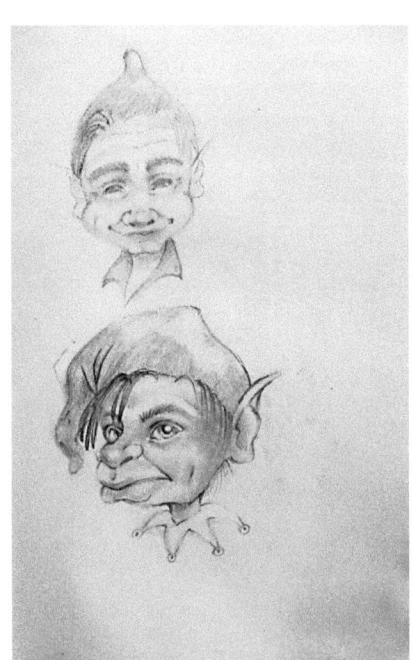

www.ingramcontent.com/pod-product-compliance
Lightning Source LLC
Chambersburg PA
CBHW051221220526
45473CB00003B/1117